Lb44 717

RAPPORT

SUR

L'HISTOIRE DE NAPOLÉON

PAR

MADAME DE SAINT-OUEN

Fait au conseil de la Société pour l'instruction élémentaire, dans sa séance du 2 mars 1853

PAR M. WAILLE, L'UN DES SECRÉTAIRES DE LA SOCIÉTÉ.

BIBLIOTHÈQUE IMPÉRIALE

Messieurs,

En 1833, un auteur qui a bien mérité de l'instruction primaire, et que la Société élémentaire a honoré de ses belles récompenses, couronnait ses utiles travaux par l'*Histoire de Napoléon*.

C'était une entreprise difficile d'écrire pour le jeune âge, d'une manière convenable, cette magnifique épopée où le grandiose n'est point un produit de l'imagination, et dont le héros fut à la fois un profond politique, un habile législateur, un administrateur consommé, le plus grand capitaine et le plus puissant monarque des temps modernes. C'était une tâche difficile de resserrer dans les bornes d'un petit volume in-12, sans tomber dans la sécheresse, sans omission trop impor-

(1) Un vol. in-12, chez madame veuve Maire-Nyon.

717

tante, cette vie si courte, mais la plus remplie de faits que nous connaissions.

Cette tâche, madame de Saint-Ouen s'en est acquittée avec bonheur. L'ouvrage, composé de 300 pages in-12 et imprimé en beaux caractères, est divisé en trois époques principales :

Bonaparte, général ;
Bonaparte, premier consul ;
Napoléon, empereur.

Il est précédé, en forme d'introduction, de quelques lignes sur l'origine et les premières années du grand homme.

Les événements importants y sont mis en relief, tandis que les faits secondaires, habilement groupés, viennent leur ajouter un intérêt nouveau. Ils sont racontés dans un esprit tel, que la bonne et la mauvaise fortune du héros s'identifient constamment avec la bonne et la mauvaise fortune de la France.

C'est là un des côtés saillants de l'*Histoire de Napoléon* bien saisis à mon avis et consciencieusement reproduits par l'auteur ; c'est que ce grand homme se proposa constamment, comme but principal, la gloire et la grandeur de notre belle France. Aussi le pays lui a-t-il toujours tenu compte de ce sentiment profondément national. Il a oublié les fautes, les revers, les désastres, pour se rappeler la gloire, la grandeur, la sécurité, l'ordre intérieur, les monuments et les institutions dont l'a doté ce règne à jamais mémorable. Et, quand est venu tout récemment gronder le danger sur l'Europe, quand les bases de l'ordre social se sont trouvées soudainement ébranlées dans leurs profondeurs, le pays s'est rappelé que Napoléon Ier, par son génie, l'avait sauvé d'un premier naufrage ; il s'est empressé de remettre ses destinées et la paix du monde à la discrétion du digne héritier de ce nom immortel qui domine encore les esprits par l'admiration et la puissance des souvenirs.

Un autre mérite de l'ouvrage de madame de Saint-Ouen, c'est qu'elle choisit judicieusement les principaux traits caractéristiques qui annoncent ou formulent le génie de son héros. En outre, elle ne vise point à l'effet, elle laisse parler les événements et raconte avec une noble simplicité ce qu'ils contiennent.

Souvent un paragraphe se termine par une réflexion courte, qui, en servant comme de morale, laisse un trait de lumière dans l'esprit, et dans le cœur un bon sentiment.

Ainsi, après le récit du siége de Toulon, elle ajoute : « Un premier succès imprime toujours un doux souvenir ; aussi Napoléon n'oublia-t-il jamais que sa gloire militaire datait du siége de Toulon, et qu'il avait dû son avancement au général Dugommier (1). »

Veut-elle résumer et caractériser une série de campagnes, une situation militaire, dans leurs causes et leurs résultats : elle emprunte quelques-uns de ces mots du grand capitaine qui sont restés des jugements sans appel.

Telles sont ces paroles adressées aux négociateurs de l'archiduc Charles, lors de l'armistice de Léoben, préliminaires du célèbre traité de Campo-Formio : « *Votre gouvernement a envoyé contre moi quatre armées sans général, et cette fois un général sans armée.* » Jugement plein de la concision éloquente de Tacite, et qui est en outre la justice la plus délicate, la plus flatteuse, qui pût être rendue à un adversaire de talent, mais vaincu.

Après nous avoir fait assister aux mémorables campagnes du Piémont, d'Italie, du Tyrol et d'Égypte, l'auteur clôt cette période de *Bonaparte, général*, laquelle, à son avis, « *peut être en quelque sorte considérée comme la plus brillante et surtout la plus pure de la vie politique de Napoléon.* »

Madame de Saint-Ouen aborde ensuite la période consulaire, également remarquable au point de vue militaire, mais bien supérieure du côté des institutions nationales. En peu de mois, en effet, Napoléon fonde la prospérité de la France sur des

---

(1) Le général Dugommier, qui commandait en chef, étonné de l'incroyable activité, des preuves de talent du chef de bataillon Bonaparte, écrivait au comité de salut public : « Avancez ce jeune homme, car, si vous ne l'avancez pas, « je vous réponds qu'il saura bien s'élever lui-même. »

Napoléon, dans son testament, a fait des dispositions en faveur des enfants du général Dugommier, comme témoignage de cette ancienne reconnaissance.

établissements durables et marqués au coin du génie. On voit, sous sa direction puissante, la France nouvelle sortant du chaos, rentrant en possession de l'ordre, de la sécurité et de l'indépendance civile, s'élever radieuse et prospère au milieu des vieilles monarchies obligées de la reconnaître et de l'accepter.

Après de si grands services, le géant des temps modernes ne pouvait s'arrêter dans sa marche ascendante. A ce point, l'auteur ajoute : « Une autre ère va s'ouvrir : le premier sol-« dat, le premier citoyen, le premier magistrat de France, va « devenir le premier monarque de l'Europe! Ici finit Bona-« parte et commence Napoléon. »

Napoléon, c'est l'Empire avec ses succès et ses revers gigantesques ; c'est l'apogée de la puissance et de l'infortune, de la grandeur et de l'instabilité des choses humaines. L'aigle devient l'emblème de cette époque culminante ; il relève la gloire du drapeau français et des armoiries nationales. Nul mieux que le roi des airs ne pouvait présager ou représenter ce vol rapide de nos drapeaux triomphants à travers vingt capitales et cent champs de batailles. Aucun symbole ne pouvait mieux représenter Napoléon devenu le roi des rois, enlevant ou distribuant les couronnes, détruisant ou créant des royaumes, élevant à la hauteur des cieux une renommée répandue d'un bout à l'autre de l'univers, et qui grandit encore en se purifiant dans les persécutions, les souffrances et la longue agonie d'un martyre barbarement calculé par d'impitoyables ennemis.

Rien de plus émouvant que cette suite de scènes palpitantes où l'auteur, entrant avec raison dans de grands détails, nous peint Napoléon vaincu par les éléments, puis succombant sous l'action combinée de la trahison et de vingt rois, de vingt peuples conjurés pour sa perte, tombé du faîte d'une grandeur fabuleuse dans l'abîme du malheur, frappé dans ses affections les plus chères, relégué aux extrémités de l'immense Océan, sur un rocher désert, sous un climat dévorant, où il périt victime des terreurs des rois ses vassaux de la veille, et martyr de la froide barbarie du gouvernement britannique.

Le style de madame de Saint-Ouen, généralement correct, s'élève dans l'occasion et reste toujours facile. Sa narration est rapide et écrite sous l'influence du sentiment national, et d'une admiration sincère pour Napoléon. On y rencontre des appréciations incomplètes et des lacunes, inévitables du reste dans un abrégé de ce genre. C'est ce qui se remarque surtout à l'occasion des événements de cette vie héroïque qui ont été jugés plus ou moins sévèrement devant le tribunal de l'histoire.

Madame de Saint-Ouen n'en parle qu'à regret et le moins qu'elle le peut. On voit qu'ils lui font peine, comme à tout cœur français; elle en élude l'appréciation, ou tâche de décharger son héros d'une responsabilité compromettante.

L'histoire se termine par le passage suivant, où respire une poétique et prophétique inspiration : « Ainsi repose, sur un « rocher, au sein des mers orageuses, l'homme à jamais célè- « bre, dont la prospérité et les revers ont étonné le monde. « Les vagues de l'Océan entourent ce tombeau, que réclament « encore les rives de la Seine. Mais, console-toi, ombre illus- « tre et sacrée! La France, privée de tes cendres, n'en est « pas moins fidèle à ta mémoire ! Monarque de son choix, *si « tu ne réalisas pas toutes ses espérances*, pourrait-elle ou- « blier que tu remplis l'univers de *l'éclat de son nom et du « tien?...*

« Une trace lumineuse a marqué ton passage sur la terre, « et le pouvoir des hommes, ni la durée des siècles, ne sau- « raient effacer désormais l'immortel souvenir de tant de gran- « deur, de génie et de gloire ! »

J'ai dit, en commençant ce rapport, que l'ouvrage a été imprimé en 1833, alors que les cendres de Napoléon étaient encore à Sainte-Hélène. L'éditeur a eu la bonne pensée d'ajouter une note bien sentie, où il rappelle au lecteur qu'en 1840 les cendres de l'Empereur furent ramenées de cette île désormais fameuse, et rendues à la vénération et à l'amour du peuple français.

Le paragraphe final, que j'ai cité, et dont le ton lyrique est le produit de sentiments d'indignation, de regrets, d'admiration qui s'exhalent, me semble laisser à désirer, en raison de la trop grande généralisation dont il est empreint. Il aurait besoin d'un supplément, dans lequel seraient indiqués et groupés les monuments dont Napoléon a doté la France et les autres États de l'Europe. Pour être complétement juste envers ce grand homme, et dans l'intérêt de l'instruction des générations à venir, il serait bon de faire voir que si les œuvres du conquérant, du capitaine de génie, n'ont laissé après lui qu'une *trace lumineuse* de gloire et de grandeur sans égale, mais chèrement payée par tant de douleurs et de si grands désastres, il en est bien autrement des créations du législateur, du politique, de l'administrateur et du monarque. Ces créations ont triomphé des haines des partis, des bouleversements des révolutions ; elles survivent à leur auteur, pour le bonheur des nations, et assurent à sa mémoire l'admiration et la reconnaissance de la postérité.

Ce serait là un moyen de compléter les institutions et les créations de tout genre dues au génie de Napoléon, et dont les principales sont rappelées à leur date dans le courant du volume.

Cette histoire est accompagnée d'un tableau mnémonique, à l'explication duquel madame de Saint-Ouen consacre un avant-propos de quinze pages. Quoique la mnémotechnie ne jouisse plus de la faveur dont une véritable vogue l'avait environnée à l'époque où écrivait l'auteur, cet art ne laisse pas que d'offrir, pour les études historiques, des avantages qu'on ne saurait contester avec justice. Le moyen mnémonique qu'emploie madame de Saint-Ouen est aussi ingénieux qu'utile : il consiste à revêtir les idées et les faits d'une forme sensible qui les présente aux yeux, et les grave facilement dans l'imagination. Ces formes sensibles, ou *emblèmes*, ont été choisis de manière à offrir un caractère analogue au souvenir qu'il s'agit de retracer.

Un char annonce une victoire ; un vaisseau, un combat naval ; renversés, ils marquent une défaite. Une couronne désigne l'élection d'un roi ; renversée, c'est une abdication. Le laurier annonce la gloire militaire ; l'olivier, c'est la paix, etc.

On voit, par cette courte citation, que, dans ce langage

symbolique, les emblèmes sont susceptibles, en raison de leurs positions diverses, de recevoir des sens différents. Au-dessous de chacun d'eux sont la date et le nom de l'événement qu'il rappelle.

La réunion de plusieurs emblèmes constitue un médaillon; celle de plusieurs médaillons représente une période, et en fait saisir, au premier coup d'œil, la physionomie particulière. Ainsi, le grand nombre de chars, de drapeaux, de villes et de lauriers, qui composent les deux médaillons de la première époque, donnent sur-le-champ une idée convenable des étonnants succès de Bonaparte, général.

Le tableau mnémonique est divisé, comme l'ouvrage, en trois parties principales ou *périodes :* la première contient deux médaillons; la deuxième, trois; il y en a cinq dans la troisième.

Au bas du tableau est placée l'explication des emblèmes : de chaque côté s'élève une échelle divisée en trois parties principales, correspondant aux trois périodes, et divisées en autant de degrés qu'il y a de médaillons par période. L'une des échelles comprend l'indication des années grégorienne et républicaine, tandis que l'autre contient celle des événements correspondants, etc. Cet exposé peut donner une idée suffisante de la méthode mnémonique en question, dont l'avant-propos donne au reste une intelligence complète. C'est, avec le tableau, la partie la plus originale de cet ouvrage, tant au point de vue de l'invention que de l'exposition, qui est un modèle en ce genre. Il serait à désirer que la partie mnémonique fût imprimée séparément. Alors, elle pourrait servir utilement à l'étude de cette époque importante de l'histoire de France, dans un auteur quelconque.

Rien de plus instructif, et, en même temps, de plus populaire que la vie de Napoléon. En l'écrivant, madame de Saint-Ouen a donc continué à bien mériter du pays et de l'enseignement primaire.

Cet ouvrage peut être employé utilement, comme livre de lecture, dans les écoles des deux sexes. Le tableau mnémonique peut, ainsi que je viens de le dire, servir avantageusement à fixer dans la mémoire les dates et les faits si nombreux de cette époque mémorable. Je conclus : 1° au dépôt honorable de l'ouvrage dans la bibliothèque de la Société ; 2° à l'envoi d'une lettre de remercîments ; 3° au renvoi de cette *Histoire de Napoléon* à la commission des récompenses.

Extrait du Bulletin de la Société pour l'instruction élémentaire,

Numéro de Mars 1853.

PARIS. — IMP. SIMON RAÇON ET Cie, RUE D'ERFURTH, 1.

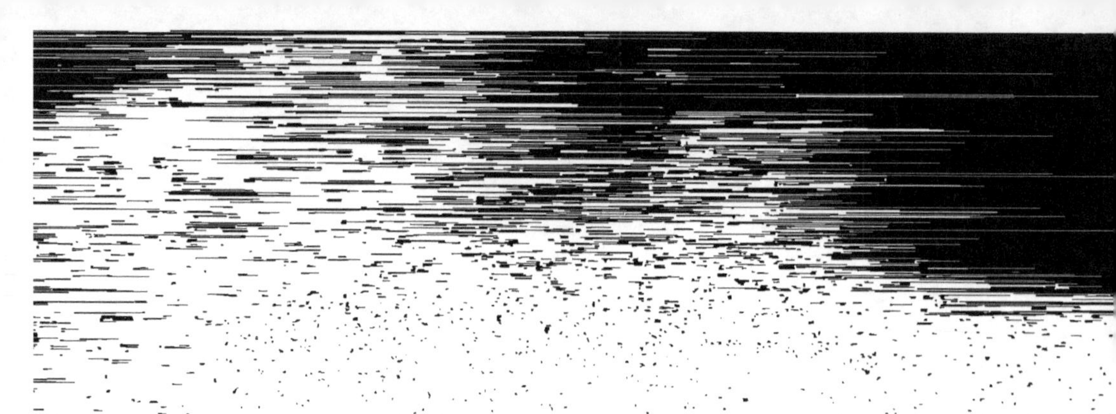

BIBLIOTHEQUE NATIONALE DE FRANCE

www.ingramcontent.com/pod-product-compliance
Lightning Source LLC
LaVergne TN
LVHW010415240826
846091LV00020B/3997
9782011905086